Vente du 10 Janvier 1863.

OBJETS D'ART & CURIOSITÉS

ARRIVANT D'ITALIE

Vente C. Riva, de Milan

ou Rivet ?

Mᵉ CHARLES PILLET
COMMISSAIRE PRISEUR.

M. ROUSSEL
EXPERT.

1863

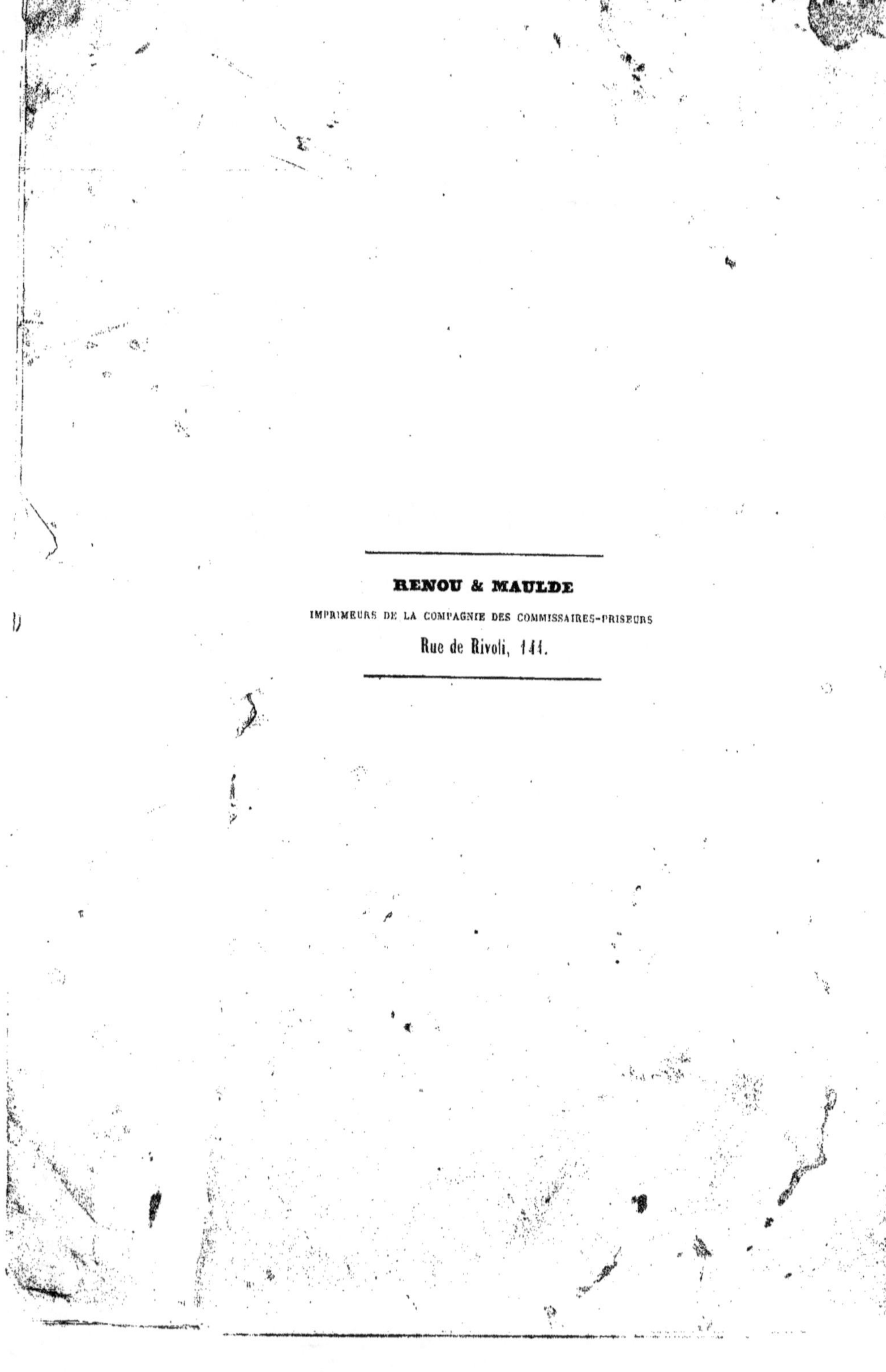

RENOU & MAULDE

IMPRIMEURS DE LA COMPAGNIE DES COMMISSAIRES-PRISEURS

Rue de Rivoli, 144.

CATALOGUE

D'OBJETS D'ART

ET DE CURIOSITÉ

**Une très-gracieuse Statue en marbre blanc : l'Innocence,
par SALVATORE IRDI ;**

BELLES FAÏENCES ITALIENNES, TELLES QUE VASES, CORNETS, JARDINIÈRES, COUPES,
PLATS, DES FABRIQUES DE FAENZA, URBINO, CASTEL DURANTE, CASTELLI, ETC.

Faïences de Moustiers, tels que Vases, Fontaines, Plateaux, etc.

VASES ÉTRUSQUES & GRECS

Provenant des fouilles faites dans les provinces de la Basilicate, Capitanata,
Nole, Capoue et Vulci ;

ARMES ANCIENNES

Lances, Pertuisanes, Épées, Dagues, Arquebuses, Haches, Casques, etc. ;

MEUBLES & OBJETS DIVERS

Cabinets, Coffrets italiens avec inscrustations d'ivoire, Vitrines, Miroirs,
Bénitiers, Pendules, Candélabres, Heurtoirs, Vasques en cuivre repoussé,
Service de Messe ancien en argent, Statuette en bronze, etc. :

OBJETS DE MONTRE, ÉTOFFES, GUIPURES, TAPISSERIE, ETC.

LE TOUT ARRIVANT D'ITALIE

DONT LA VENTE AURA LIEU

HOTEL DROUOT, SALLE Nº 5

Le Samedi 10 Janvier 1863, à une heure.

Par le ministère de Mᵉ Charles **PILLET**, Commissaire-Priseur,
rue de Choiseul, 11,

Assisté de **M. ROUSSEL**, Expert, rue Moncey, 16,

Chez lesquels se distribue le présent Catalogue.

EXPOSITION PUBLIQUE

Le VENDREDI 9 Janvier 1863, de une heure à cinq heures.

—

1863

CONDITIONS DE LA VENTE

—

Elle sera faite au comptant.

Les acquéreurs paieront CINQ pour CENT en sus du prix d'adjudication.

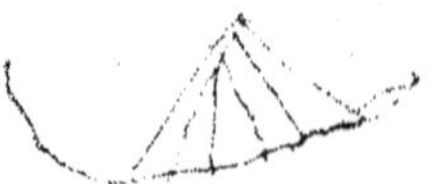

DÉSIGNATION

FAÏENCES ITALIENNES & AUTRES

1 — Deux beaux vases, formes jardinières, en ancienne faïence de Faenza, décorés d'amours, guirlandes et mascarons en relief, sur fond camaïeu.

2 — Deux vases à anses d'une forme élégante, décorés en camaïeu bleu, ancienne fabrique de Savonne.

3 — Deux vases à anses semblables, même fabrique.

4 — Un superbe vase forme ovoïde, richement décoré de médaillons, figures et rinceaux sur fond vert, jaune et bleu, de l'ancienne fabrique d'Urbino ; on voit dans un cartouche, l'ancienne devise du peuple romain : *Senatus Populus que Romanus.*

5 — Un grand vase de forme haute et cylindrique, orné de gracieuses arabesques sur fond bleu et de diverses armoiries, ancienne fabrique d'Urbino.

6 — Un vase forme cylindrique, orné de sujets tirés de la Fable. Même fabrique.

7 — Un vase forme Boule, fond bleu et jaune alternés, très-gracieusement décoré, ancienne fabrique de Faenza.

8 — Un vase ovale sur piédouche, décoré de sujets allégoriques, avec ornements en relief dorés, ancienne fabrique de Terchi.

9 — Une jolie petite cafetière, même décor et même fabrique.

10 — Un broc orné du lion de saint Marc. Fabrique d'Urbino.

11 — Un broc très-finement orné d'arabesques. Même
fabrique.

12 — Une paire de beaux cornets richement décorés et à
médaillons, de l'ancienne fabrique de Castel Durante.

13 -- Une paire plus petits, même décor, même fabrique.

14 -- Un seul cornet très-fin,   id.   id.

15 — Une paire de cornets petits, d'un beau décor. Fabrique
d'Urbino.

16 — Quatre paires de petits vases décorés en camaïeu
bleu. Fabrique de Savonne. Ce lot sera divisé.

17 — Un joli vase à deux anses et à piédouche, très-beau
de décor, et à reflets métalliques, de l'ancienne
fabrique de Deruta.

18 — Un vase à deux anses et à médaillons. Fabrique de
Faenza.

19 — Un vase forme buire à jeu d'eau, décor bleu sur fond
blanc. Même fabrique.

20 — Un coffret d'une gracieuse forme, très-finement orné
de reliefs, d'arabesques et d'armoiries, en ancienne
faïence d'Urbino. (Pièce rare).

21 — Une jolie salière d'un beau décor, faïence d'Urbino.

22 — Une   id.   id.   id.

23 — Un écritoire à tiroirs   id.   id.

24 — Deux vases d'une forme très-élégante et d'un char-
mant décor, en ancienne faïence de Venise.

25 — Un écritoire en ancienne faïence de Monteluppo,
objet curieux.

26 — Une belle bouteille en faïence de Delft, décorée en
bleu.

27 — Une petite potiche en ancienne faïence de Nevers.

28 — Une bouteille et son plateau, de l'ancienne fabrique
d'Urbino.

29 — Un joli petit vase en faïence de Perse, très-beau
décor.

30 — Deux supports en imitation de la faïence de Castelli,
formés de deux amours enlacés.

31 — Une grande fontaine d'une forme gracieuse, élevée
sur piédouche, décorée en bleu d'arabesques très-
fines, dans le style de Jean Berain. Fabrique de
Moustiers.

32 — Une autre fontaine d'applique avec son bassin et sa
monture en bois, décor polychrôme, style Louis XV.
Même fabrique.

33 — Une petite jardinière en forme d'éventail, décor en
polychrôme très-fin. Même fabrique.

34 — Une Vierge tenant l'Enfant Jésus, sur un piédestal
orné d'arabesques en bleu, spécimen rare. Même
fabrique.

35 — Un vase formant fontaine, décoré en couleurs vives,
échantillon très-rare, de l'ancienne fabrique d'Al-
cora, en Espagne.

36 — Une jolie tasse à bouillon et son plateau, faïence de
Moustiers.

37 — Un plateau oblong à anses torses, décoré en bleu dans
le style de Berain. Même fabrique.

38 — Un joli petit plat à godrons et à reflets métalliques
de Déruta.

39 — Une jolie petite coupe amatoria de Faenza, d'un beau
décor.

40 — Un grand plat à reflets, hispano arabe, avec armoiries.

41 — Une belle plaque en ancienne faïence de Castelli, représentant un paysage d'une finesse d'exécution tout à fait exceptionnelle

42 — Une plaque ronde, imitation d'Urbino, par Ginori, décorée d'un gracieux sujet allégorique.

43 — Une plaque ronde, même fabrique, représentant une bataille.

44 — Un plat, même fabrique, très-finement décoré d'arabesques sur fond bleu, avec une armoirie au milieu.

45 — Une plaque carrée, ancienne fabrique de Castelli.

46 — Une   id.   id.   d'Urbino.

47 — Un beau plat à sujet tiré de la Fable, par Fo Xante, ancienne fabrique d'Urbino.

48 — Huit pièces en porcelaines diverses ou faïence. Seront divisées.

49 — Un grand médaillon en relief, école de Lucca della Robbia, représentant Giovanna Colonnæ, l'exécution de cette pièce est très-remarquable.

50 — Une autre semblable représentant la célèbre Dogaresse Grimani.

VASES ÉTRUSQUES & GRECS

Provenant des fouilles faites dans les provinces de la Basilicate, Capitanata, Nola, Capoue et Vulci.

51 — Une grande coupe à anses, décorée au-dedans et au-dehors de divers sujets, provenant de la Basilicate.

52 — Un vase à deux anses, sujet héroïque. Basilicate.

53 — Un joli vase à deux anses et couvercle, les dessins en
sont fins et gracieux. Capitanate.

54 — Une coupe à deux anses, d'une forme rare et curieuse,
décorée de génies. Basilicate.

55 — Une hydrie de forme très-élégante, sujet héroïque
très-finement peint en rouge, et rehaussé de blanc.
Cette pièce, d'une belle exécution, provient de la
Basilicate.

56 — Un joli vase à deux anses et couvercle, sujet mystique.
Même fabrique.

57 — Un vase à deux anses surélevées et couvercle, d'une
forme gracieuse, représente une femme assise à
laquelle un éphèbe présente une couronne. Basilicate

58 — Un vase à une anse, sujet bachique peint en noir,
qualité très-rare, provient de Vulci.

59 — Un petit vase à une anse, jeune faune dansant.
(Nola).

60 — Un petit vase à une anse, génie ailé tenant une cor-
beille de fruits. Dessin très-fin d'exécution. (Nola).

61 — Un vase à une anse, jeune faune et bacchante devant
un autel, peinture pleine de grâces. Basilicate.

62 — Un très-petit vase très-fin à une anse. Qualité rare.
Capoue.

63 — Huit autres vases de diverses qualités, seront vendus
séparément.

64 — Une tête en marbre, Grecque antique, d'une belle
exécution.

ARMES ANCIENNES

65 — Une lance à trois pointes gravées, dont la hampe se replie à volonté sur elle-même en trois parties. Pièce curieuse.

66 — Une lance mécanique à trois lames, avec gravure et inscription.

67 — Une lance, gravée et dorée, avec armoiries.

68 — Une lance gravée, servant aussi de porte-mèche.

69 — Une pertuisane gravée et repercée à jour.

70 — Une pertuisane dite chauve-souris.

71 — Une grande épée à deux mains, dont la lame cannelée est d'un beau travail.

72 — Une très-belle épée espagnole, à coquille finement repercée à jour.

73 — Une belle épée italienne, dont la garde et le pommeau sout richement damasquinés d'argent.

74 — Une épée de forme élégante, à lame gravée, et dont la garde, plaquée d'argent, est finement gravée.

75 — Une belle épée italienne, à garde et panneau cannelés.

76 — Une belle épée italienne, à garde et pommeau unis.

77 —   Id.   lame à la Luppa.

78 —   Id.   lame de Tolède.

79 —   Id.   lame de Tolède.

80 — Une petite épée à coquille repercée à jour.

81 — Une jolie épée de cour à poignée entièrement ciselée et repercée à jour.

82 — Une jolie épée de cour, montée très-finement en
bronze, ciselé et doré. La poignée est en saxe,
époque Louis XVI.

83 — Une belle arbalète toute incrustée d'ivoire gravé,
d'une admirable conservation.

84 — Huit épées ou dagues seront vendues séparément.

85 — Une hache d'exécution, aux armes de l'ancienne
seigneurie de Florence. (Il giglio apperto.)

86 — Un casque en fer gravé, d'une belle exécution.

87 — Une dague dite Miséricorde, d'un joli travail.

OBJETS DIVERS

88 — Un beau cabinet italien, à deux ventaux très-richement décoré d'ivoires finement gravés.

89 — Un beau cabinet italien même style.

90 — Un beau cabinet italien, en marquetterie de bois.

91 — Un joli coffret de mariage florentin, en bois sculpté
et rehaussé d'or, d'une admirable exécution.

92 — Une belle vitrine en bois, sculpté et doré, style
Louis XV, très-richement garnie de glaces et de
damas de soie.

93 — Une autre plus petite, ornée de sculptures fines.

94 — Une autre, même style.

95 — Un beau miroir à toilette, en bois sculpté et doré,
de l'ancienne fabrique de Florence. Cette pièce
gracieuse est d'une parfaite conservation.

96 — Deux supports en bois doré, représentant un masque
antique.

97 — Deux beaux portraits formant pendants : le duc et la
duchesse Spinola. Belle peinture du XVI⁰ siècle,
les cadres, très-riches de sculpture et dorure, vien-
nent de Florence.

98 — Un beau bénitier, en bois sculpté et doré, même
fabrique.

99 — Six jolis petits cadres dorés en bois sculpté et doré.
Seront divisés.

100 — Un bénitier en cuivre repoussé et doré.

101 — Une pendule ancienne et très-belle, à cadran tour-
nant, à sujet en bronze, sur un socle à quatre
faces ornées de reliefs très-finement ciselés : les
quatre Saisons.

102 — Deux beaux candélabres anciens, en bronze doré :
Enfants supportant trois branches de lys dorés.

103 — Une pendule de Boule, très-fine d'exécution et
de dessin.

104 — Une belle statue en bronze florentin, représentant
la Paix. Cette pièce remarquable peut être jus-
tement attribuée à Tacca, élève de Jean de Bo-
logne.

105 — Une grande vasque ovale, en cuivre repoussé, pour
jardinière, à deux anses gracieuses et pieds à
griffes.

106 — Un heurtoir en fer gravé, ainsi que sa plaque, style
Louis XV, d'une belle exécution.

107 — Un très beau service de messe, ancien, en argent repoussé et ciselé, orné d'émaux italiens très-fins.
Ce service est d'un beau travail, style Louis XV.

108 — Une grande et admirable statue en marbre blanc, représentant l'Innocence sous la figure d'une jeune fille. Cette œuvre, d'une exécution pleine de grâce. est signé par Salvatore Irdi, de Naples, un des meilleurs élèves du célèbre Canova.

109 — Une jolie petite statuette en ivoire, du XVIe siècle.

110 — Sous ce numéro seront vendus divers objets de montre, tels que bijoux, tabatières et verres de Venise.

111 — Sous ce numéro seront vendues diverses étoffes, guipures anciennes et tapisseries.

112 — Enfin, sous ce numéro, seront vendus tous les objets non catalogués ou oubliés

RENOU et MAULDE, imprimeurs de la Compagnie des Commissaires-Priseurs, rue de Rivoli, 144.   19228